1870. avec Photographies
1870 (Mai 9-10)
Prix
nous des acquéreurs

Vente des Lundi 9 Mardi 10 Mai 1870

TRÈS-BELLES

FAÏENCES

ITALIENNES

Provenant en partie de la collection

TORETELLI DE SPOLETO

EXPOSITIONS :

Particulière	*Publique*
LE SAMEDI 7 MAI 1870	LE DIMANCHE 8 MAI 1870

DE UNE HEURE A CINQ HEURES

COMMISSAIRE-PRISEUR :
Me CHARLES PILLET, 10, RUE GRANGE-BATELIÈRE.

EXPERTS :

M. CHARLES MANNHEIM	M. CARLE DELANGE
rue Saint-Georges, 7.	5, quai Voltaire.

CATALOGUE

D'UNE IMPORTANTE RÉUNION DE

FAÏENCES

ITALIENNES

Provenant en partie de la collection

TORETELLI DE SPOLETO

ET DONT LA VENTE AUX ENCHÈRES PUBLIQUES AURA LIEU

HOTEL DROUOT, SALLE N° 8

Les Lundi 9 et Mardi 10 Mai 1870

A DEUX HEURES

Par le ministère de Me **CHARLES PILLET**, Commissaire-Priseur, 10, rue Grange-Batelière.

Assisté de M. **CHARLES MANNHEIM**, Expert, 7, rue St-Georges

Et de M. **CARLE DELANGE**, expert, 5, quai Voltaire

Chez lesquels se distribue le présent Catalogue

Exposition particulière : le Samedi 7 Mai 1870

Exposition publique : le Dimanche 8 Mai 1870

DE UNE HEURE A CINQ HEURES.

CONDITIONS DE LA VENTE

Elle sera faite au comptant.

Les acquéreurs payeront *cinq pour cent* en sus des enchères.

L'exposition mettant le public à même de se rendre compte de l'état des objets, il ne sera admis aucune réclamation une fois l'adjudication prononcée.

Paris — Typ. PILLET fils aîné, 5, rue des Grands-Augustins.

Le palais que feu M. Tordelli ouvrait si libéralement à Spolète aux curieux de tous pays, renfermait, au milieu d'un nombre considérable d'antiquités et d'œuvres d'art de toute espèce, une précieuse collection de faïences italiennes. Il ne nous a pas été besoin d'aller en Italie pour l'étudier, car si elle va être dispersée, c'est à Paris qu'elle doit l'être. Paris est aujourd'hui le grand marché du monde pour les choses d'art, et c'est là que l'on porte incessamment tout ce qui doit passer par les enchères. Si les vendeurs y trouvent leur compte, nous ne savons ce qu'en pensent les acheteurs; mais en tous cas cela flatte singulièrement l'active oisiveté du Parisien et de tous ceux que mille liens retiennent dans la grande ville.

La collection de faïences de M. Tordelli se compose d'un grand nombre de pièces de choix, qui vont de l'époque archaïque, jusqu'à la fin du XVIe siècle, et appartiennent aux fabriques les plus illustres. Nous ne parlerons pas de quelques plats hispano-moresques ou siculo-arabes ainsi que d'une dizaine de grands plats d'apparat à reflets métalliques, dont plusieurs se font pendants, et parmi lequels il en est un qui se distingue par le beau style du sphinx qui le décore. Ceux qui se préoccupent de l'histoire de la céramique étudieront avec intérêt un plat (n° 118) à marly droit portant au fond un buste de femme tracé lourdement en bleu, et sur le bord des ornements enlevés sur une couche de violet de manganèse. La forme et le décor empruntés, l'une aux plats hispano-moresques les plus anciens, l'autre aux *graffiti* sur engobe, dénotent les commencements d'une fabrication qui appartient peut-être aux premières années du XVe siècle, sans qu'il soit possible de lui assigner une origine positive.

On est peut-être plus heureux pour un disque creux (n° 114) presque entièrement couvert d'un écu où la devise de Sienne, le mot LIBERTAS, est posé en bande. Cette pièce vient probablement de Caffagiolo, dont nous citerons encore deux grands plats : le *Triomphe de Bacchus* (n° 111) dessiné en bleu qui a coulé pendant la cuisson, et rehaussé de quelques tons orangés et verts très-discrets, et le *Triomphe d'un guerrier* (n° 110) également dessiné en bleu, mais modelé en bistre rosé d'un ton tout à fait insolite, qui donne un intérêt particulier à cette pièce. Les fleurs de lys florencées que l'on remarque parmi les grotesques réservés sur le fond bleu du bord, et les grandes écailles tracées en bleu sur le revers, comme sur celui du plat précédent, nous semblent caractériser la fabrique de Caffagiolo. Il en est de même pour les deux plats à ombilic (n°s 112 et 113) dont l'un est décoré d'un zone de *bianchetto*, et qui portent au revers un grand M barré au milieu de grandes écailles. Nous croyons que leurs analogues existent au Musée de Cluny.

Le plat (n° 109) représentant l'*Enlèvement d'Hélène*, d'après la composition de Raphaël, appartient aux derniers temps de la fabrication de Caffagiolo, dont il porte d'ailleurs le nom au revers. Nous le croyons de la même main qu'un autre plat également signé qui appartient au Musée de Cluny.

On doit ranger parmi les produits céramiques les plus rares le plat (n° 117) représentant *Adam et Eve*, qui porte au revers le nom de Padoue avec la date de 1563, accompagnés de grands traits bleus entrecroisés, figurant comme des écailles. Certes, sans cette signature on serait loin de supposer que cette pièce, dont l'exécution dénote une longue pratique, appartient à une fabrique à peu près inconnue.

Les ateliers d'Urbino sont représentés par un grand nombre de pièces du plus beau choix. Il y a d'abord un plat (n° 54) daté de 1540 représentant l'*Enlèvement des Sabines*, formé par la réunion de personnages empruntés à différentes compositions de Raphaël, comme le *Parnasse*, le *Jugement de Paris* et l'*Enlèvement d'Hélène*. L'inscription tracée au revers, et d'une écriture très-belle, fait allusion aux malheurs de l'Italie agitée par la guerre civile comme la mer par les flots. Cette écriture particulière, les airs de tête et le modelé doux des sujets nous font penser que nous sommes en présence d'une peinture de Nicola d'Urbino, qui pourrait bien être également l'auteur de la *Léda* (n° 42) rehaussée de reflets métalliques de couleur rubis d'un si merveilleux éclat, et du *Paris charmant Hélène* (n° 40), d'un modelé si délicat et d'un ton si doux, portant la date de 1531 tracée en couleur jaune à reflets qui, avec le rouge rubis, rehausse le sujet.

Nous ne savons si c'est à lui qu'il faut attribuer également la peinture si fine, dans le style de Raphaël, qui représente la *Naissance d'Hercule* et décore un couvercle de tasse (n° 55). En tous cas cette petite pièce doit être classée parmi les plus excellents produits de la meilleure époque d'Urbino.

Francesco Xanto Avelli, l'un des peintres céramistes les plus considérables de la même ville, doit revendiquer la coupe datée de 1541 (n° 57), représentant *la Légende de sainte Ursule* et de ses dix compagnes, en tout onze mille vierges ; l'autre coupe aux armes des Strozzi (n° 65), retraçant d'une façon peu intelligible l'histoire d'Amphïaraüs englouti en terre sous les murs de Thèbes, et de sa femme Eriphyle qui, suivant Homère, le trahit pour un bijou d'or; la *Lucrèce* datée de 1538 (n° 39), la *Judith* (n° 41) datée de 1535, et peut-être la *Femme de Putiphar* (n° 44), répétition de la coupe du Musée du Louvre.

Toutes ces pièces sont revêtues de couleurs à reflets métalliques, d'un merveilleux éclat qui leur donnent un nouveau prix.

Un contemporain de Xanto, qui marque ses produits d'un sigle ressemblant quelque peu au faîte d'une maison, a dessiné et peint d'un pinceau très-particulier *le combat d'Hercule et du Centaure*, daté de 1536 (n° 43).

Le chef de la famille Fontana qui était venu se fixer de Castel-Durante à Urbino pourrait peut-être bien revendiquer le plat (n° 47) qui porte sur son bord un écu d'armoiries accompagné de la devise VICISSITVDO. La scène de la vie de Joseph qui y est représentée se passe devant un fond d'architecture presque réelle qui contraste, et par le dessin et par le ton, avec toutes les fantaisies de peintures céramiques contemporaines. Il en est de même de l'autre plat (n° 50) qui représente la fable d'Orphée. Celui-là porte au revers le monogramme F. S. D. dont les deux lettres F. D. signifieraient Fontana Durantino : l'S est barré, et entouré d'un cercle et nous ne saurions expliquer sa signification.

La fabrique des Fontana peut revendiquer dans la collection Tordelli un certain nombre de pièces importantes, soit par la forme, soit par le décor. Entre autres, un grand bassin circulaire dont l'intérieur représente des pêcheurs, deux gourdes de chasse, représentant l'une deux épisodes de la fable d'*Apollon et Daphné*; et l'autre de celle de *Diane et Actéon* et deux aiguières d'une forme exquise.

De leur fabrique encore, et de celle des Patanazzi sont sorties des coupes d'accouchée, munies de leur couvercle, pièces rares lorsqu'elles sont aussi complètes, et une superbe vasque trilobée, portée sur des griffes de lion et ornée de mascarons en relief, qui interrompent le décor de grotesques sur fond blanc dont la pièce est couverte, et, par opposition, lui donnent plus de légèreté.

La fabrique de Faenza ne nous semble pouvoir revendiquer que deux pièces. L'une est une *cuppa amatoria* (n° 106), où, par une alliance étrange d'Amour peint au fond a pour encadrement un *Ecce homo* représenté sur les bords. Cet *Ecce homo*,qui doit être une imitation de quelque estampe d'un maître allemand, pourrait bien avoir été exécuté par Baldassare Manara, qui a commencé par être un peintre très-fin, avant que de devenir un praticien trop hâtif.

Un grand plat (n° 105), représentant *le Combat des Centaures et des Lapithes*, dont le dessin tracé en bleu d'une façon assez rude contraste avec la douceur du modelé, se rattache plutôt à la fabrique de Faenza qu'à toute autre. Peut-être que le soin pris par le peintre de tracer en belles lettres romaines la date de MCCCCCXVII au revers, pourrait-il faire penser à l'atelier de Forli, celui de toutes les Marches qui s'est le plus rapproché de Faenza.

L'atelier de Gubbio est représenté dans la collection Tordelli par quelques pièces d'un dessin magnifique, rehaussé de couleurs à reflets métalliques d'une merveilleuse puissance. Nous signalerons surtout trois coupes représentant : l'une, la tête de saint Paul (n° 1); l'autre, celle de Moïse (n° 2), et la dernière, une tête de jeune femme (n° 20), une belle quelconque, exécutées de ce pinceau large et facile, et avec ce bistre léger et transparent particulier à la fabrique de Gubbio, qui sont comme une signature et qui la suppléent. La signature de M. Giorgio se trouve, au contraire, sous cinq assiettes, tracée en couleur à reflets métalliques; avec la date de 1527 et la mention : *da Ugubio* sous une assiette plate décorée d'un écu d'armoiries entouré de palmettes sur fond bleu (n° 7), que M. H. Delange a publiée dans son *Recueil de Faïences italiennes*, et qui, sans les couleurs à reflets, serait attribuée à Faenza; avec la date de 1529 et cette même mention : *da Ugubio*, sous une merveilleuse petite assiette (n° 3) représentant *Archimède*. La tête du philosophe syracusain est modelée avec une finesse et une recherche de la nature, bien rares à rencontrer sur une pièce de cette époque, tandis que l'architecture du fond semble exécutée elle-même d'après quelque monument. A ces signes, nous rapprocherons cette pièce d'un fragment de la collection d'Azeglio, qui représentait des moines en prière, et qui portait, dans la composition et non au revers, un monogramme encore indéchiffré. Le monogramme de M. Giorgio se retrouve, avec la date de 1533, sur la coupe (n° 6) qui représente : *Persée délivrant Andromède*, et qui est rehaussée de couleurs splendides à reflets.

La signature présente cette particularité déjà signalée, que la date et le monogramme M. G. sont tracés en rouge rubis, et accompagnés de la lettre N, tracée en jaune, lettre qui est le sigle de M. Cencio, fils et successeur de M. Giorgio.

Enfin la date 1536 est tracée en rubis sous les deux charmants disques (n°s 4 et 5) formant pendants qui représentent, l'un un violoneux, l'outre un porte-étendart probablement d'après des estampes allemandes. Il ne faut pas s'étonner si nous attribuons à d'autres mains qu'à celles de M. Giorgio la peinture de ces pièces qu'il a cependant signées. Nous croyons qu'à l'époque dont témoignent les dates inscrites à à côté de son monogramme il se contentait de revêtir de couleurs à reflets métalliques des faïences peintes ailleurs que dans son atelier. La mention *da Ugubio* prouverait même que ce n'est point dans sa propre fabrique mais dans celle de quelque ville voisine qu'il avait enluminé les pièces qui la portent. Mais qu'importe? S'il a choisi les plus parfaites parmi celles sorties des mains de ses contemporains pour leur donner un nouveau prix au moyen des couleurs dont il semble avoir, pendant un temps, possédé seul le secret.

Une autre fabrique, celle de Deruta, a aussi possédé la couleur à reflets métalliques, mais d'un ton chamois très-doux, dont la collection Tordelli montre un magnifique échantillon (n° 86) ; c'est un plat dont l'ombilic porte une figure de femme casquée, entourée d'ornements en relief formant des rinceaux terminés par des hippocampes, motif qui se trouve sur un plat du Musée du Louvre.

Une assiette ornée de grotesques en réserve sur fond bleu (n° 87), modelés en bistre d'un ton gris très-particulier doit être également de Deruta, quoiqu'il y ait aucun rehaut de de couleurs à reflets, si nous la comparons dans notre souvenir à une autre pièce publiée par M. H. Delange dans son *Recueil des Faïences italiennes* qui porte la signature de cet atelier.

La fabrique napolitaine de Castelli, si pauvre d'ordinaire est elle-même représentée par une assiette d'un dessin charmant: *Venus fouettant l'Amour* (n° 119).

A côté de ces pièces, en grand nombre déjà, que nous avons signalées, il y en a d'autres qui mériteraient une mention, car il n'y a pour ainsi dire rien d'inférieur dans cette collection. Des peintures intéressantes par leur exécution, par les marques et les signatures qu'elles portent s'y trouvent jointes à d'autres où l'on voit réunies toutes les qualités du dessin, et de la couleur, et de ces reflets de feu auxquels les amateurs attachent tant de prix.

Signalons enfin quelques bouteilles de faïence dites de Perse, aussi remarquables par la forme que par l'harmonieuse intensité d'un décor où tous les tons les plus francs ont été abordés. De telle sorte qu'elles peuvent soutenir le voisinage des majoliques où se jouent dans l'émail les reflets métalliques de l'orient le plus resplendissant.

Alfred Darcel.

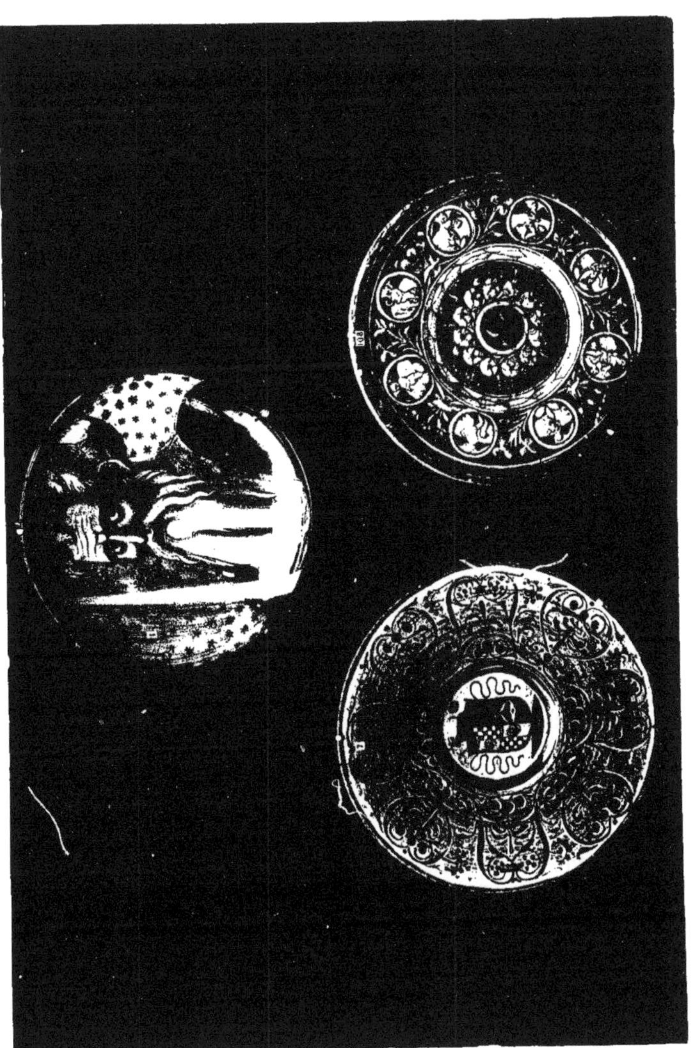

DÉSIGNATION

FABRIQUE DE GUBBIO

1 — Coupe creuse. Saint Paul en buste. La tête est modelée en jaune clair sur fond bleu étoilé d'or. Le nimbe à reflets d'or et le vêtement à reflets or et rubis. Pièce très-fine de modeló et exceptionnelle comme reflets.

2 — Coupe creuse à reflets métalliques rouge et or. Moïse en buste tenant les Tables de la loi. Très-bel émail.

3 — Petit plat représentant Archimède mesurant le globe terrestre ; au fond, un riche paysage orné de fabriques. Charmante pièce à reflets métalliques rouge et or d'une grande finesse d'exécution. Signée M° G° da Ugubio et daté 1529.

4 — Petit plat. Soldat en costume du xvie siècle portant un drapeau. Les ornements du costume sont rehaussés de reflets métalliques. Le tout se détache sur un fond à reflets rubis. Daté 1536.

5 — Autre plat formant pendant au précédent. Jeune homme en costume du xvie siècle jouant de la viole. Au fond, un paysage. Signé M° G° et daté 1536.

Ces deux pièces d'une belle exécution sont de la plus grande rareté.

6 — Plat représentant Persée délivrant Andromède, à reflets métalliques or et rubis. Signé M° G° et daté 1533. Jolie pièce d'un bel émail.

7 — Plat fond bleu à décor d'arabesques à reflets métalliques rouge et or; au centre, une armoirie surmontée d'un taureau. Signé M° G° da Ugubio et daté 1527.

Pièce d'un émail très-brillant, publiée dans le *Recueil de faïences italiennes* de MM. H. et C. Delange.

8 — Coupe. A l'intérieur une figure d'amour tenant deux torches, peinte sur fond jaune et rehaussée de reflets d'or. L'extérieur à fond bleu richement décoré d'arabesques à reflets d'or et rubis. Le dessous porte en reflets, sur fond bleu, la date de 1537. Pièce rare et d'une qualité exceptionnelle.

9 — Plat (Cerquate). Branches de chêne rehaussées de reflets métalliques sur fond bleu. Au centre, une tête coiffée d'un turban. Marqué au revers d'une N.

10 — Coupe amatoria. Bordure bleue décorée d'arabesques à reflets métalliques. Au centre, une figure d'amour portant une enseigne avec la date de 1527.

11 — Coupe analogue. Au centre, un amour en grisaille sur fond d'or.

12 — Coupe analogue. Au centre, l'Amour dormant; devant lui, une tête de mort. Au-dessus une banderolle. Le tout peint en grisaille sur fond bleu.

13 — Petit plat à bordure d'arabesques à reflets métalliques sur fond bleu. Au centre, un trophée de musique en grisaille sur fond bleu. Marqué au revers d'une N.

14 — Plat avec bordure et médaillon central décoré de feuillages et arabesques entièrement couverts de reflets métalliques rouge, or et violet. Le revers marqué d'une N.

15 — Charmant plat avec bordure de trophées et d'instruments de musique en grisaille sur fond bleu, rehaussés de reflets métalliques. Au centre, un cheval à reflets rouges sur fond bleu.

16 — Plat décoré de rosaces à reflets métalliques or et rubis d'une grande intensité de ton.

17 — Coupe a bossages à reflets métalliques rubis et or; au centre, le monogramme du Christ sur fond bleu.

18 — Coupe de même genre; au centre, la Vierge et l'Enfant en relief. Marqué au revers d'une croix.

19 — Coupe analogue, bordure de feuillages; au centre l'agneau pascal. Le revers est marqué d'une N. (Monogramme attribué à maestro Cencio.)

20 — Coupe analogue, au centre une tête de femme peinte coiffée d'un turban à reflets sur fond bleu.

21 — Coupe analogue, au centre un aigle à deux têtes surmonté d'une couronne.

22 — Coupe analogue. Bordure de feuillages; au centre le monogramme du Christ.

23 — Coupe analogue. Bordure de feuillages; au centre l'agneau pascal.

24 — Coupe analogue. Bordure de fruits et feuillages; au centre deux mains jointes surmontées d'un cœur percé d'une flèche.

25 — Coupe a bossages décorée de flammes à reflets métalliques rouges; au centre un animal accroupi.

26 — Petit plat à bordure de feuillages à reflets métalliques; au centre une figure de madone.

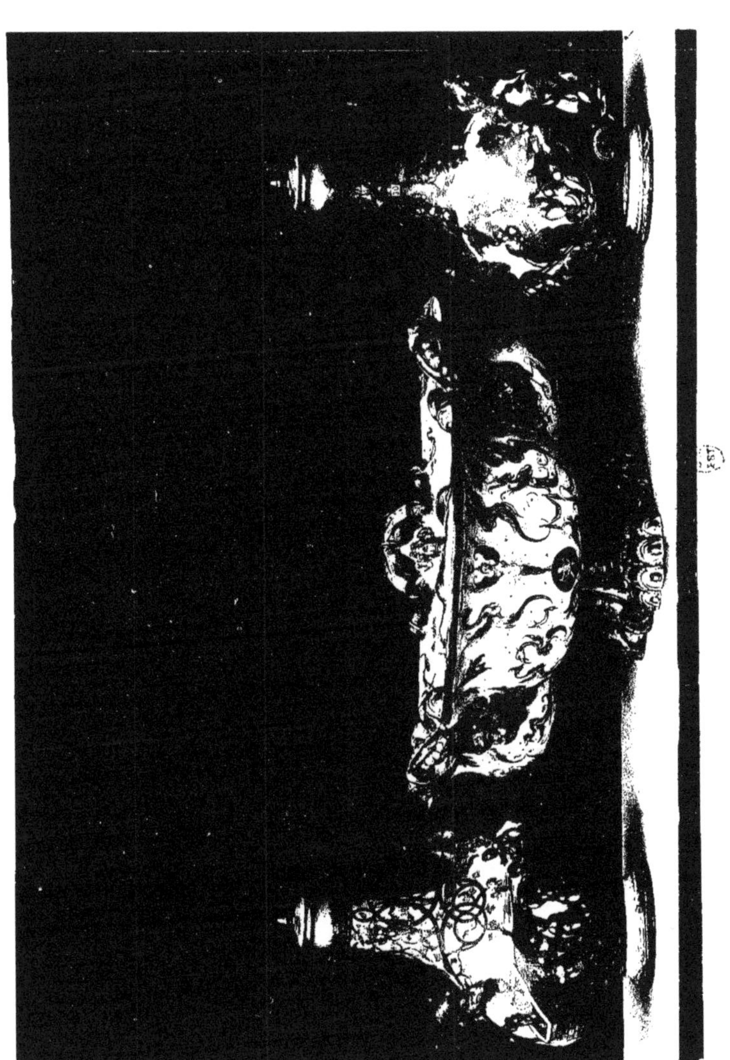

FABRIQUE D'URBINO

27 — Grande et belle vasque trilobée sur pied formé par trois griffes de lion accolées, enrichi de mascarons et d'anses en relief. Décor d'arabesques et grotesques sur fond blanc. Très-belle pièce d'une grande finesse d'exécution de l'école des Fontana.

28 — Jolie aiguière à anse surélevée, formée par une cariatide ailée, décorée d'un sujet représentant l'adoration du veau d'or. Pièce rare. École des Fontana.

29 — Aiguière de même forme avec sujet représentant un guerrier faisant sa soumission. Même école.

30 — Deux belles gourdes, avec anses formées par des branchages ; décorées de sujets se rapportant à Bacchus, et entourées de branches de chêne. Pièces importantes et d'une belle qualité.

31 — Gourde de chasse, à anses formées par des mascarons grotesques ; décorée de sujets mythologiques. D'un côté Apollon et Daphné. Par Orazio Fontana.

32 — Gourde de même forme, décorée d'un sujet mythologique. Actéon changé en cerf. École des Fontana.

33 — Deux salières monumentales en forme de navicelle avec mascarons et ornements en relief; aux deux extrémités, des enfants assis tenant des coquilles. Elles sont décorées de figures d'amours. Pièces importantes de l'école des Fontana.

34 — Coupe d'accouchée, composée de trois pièces : le plateau, la coupe et le couvercle, décorés d'arabesques et grotesques, sur fond blanc, avec sujets. Charmante pièce de la plus grande finesse d'exécution.

35 — Coupe d'accouchée, avec son couvercle; décorée de sujets se rapportant à sa destination. Pièce très-fine par Orazio Fontana.

36 — Vasque creuse, représentant à l'intérieur un fleuve couché, avec sujets de pêche ; à l'extérieur un paysage avec fabriques.

37 — Vase ovoïde, avec anses formées par des têtes de griffons, sur fond bleu, et médaillons renfermant des amours.

38 — Deux grands vases, forme ovoïde, à anses formées par des dragons et avec goulots. Décor d'arabesques, sur fond blanc ; l'un d'eux porte un écusson sur lequel on lit :

L. F. Antoi Brinati, 1621.

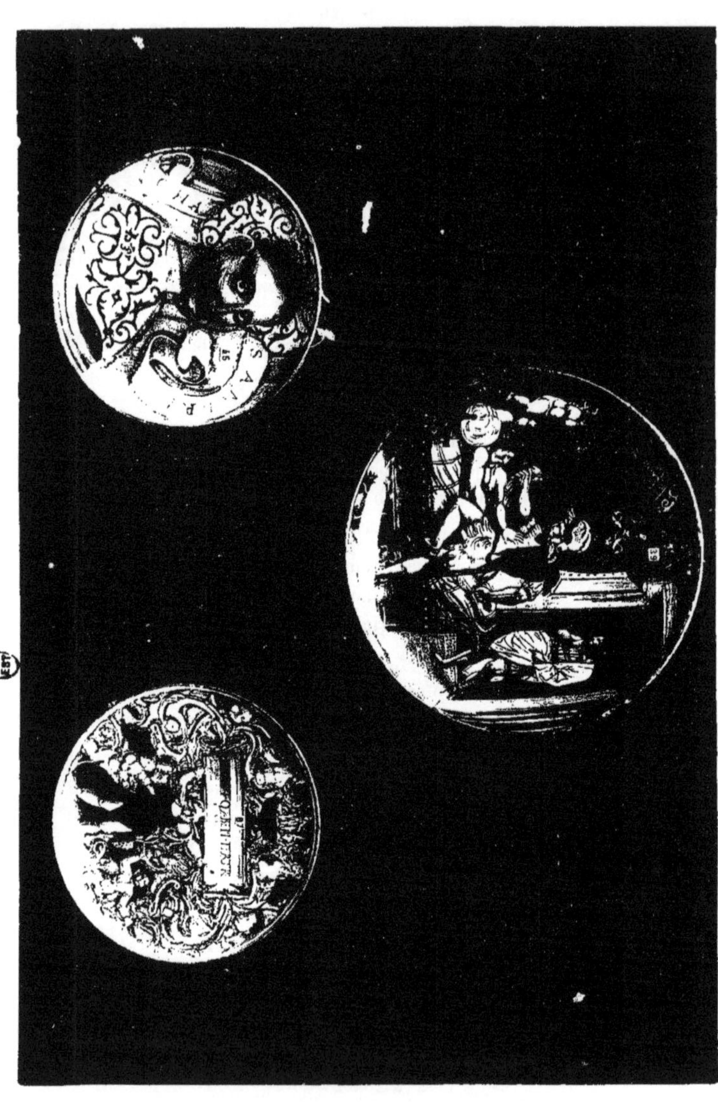

39 — Plat creux. Lucrèce, étendue sur un lit, résiste à Tarquin; l'Amour se cache le visage; au fond par une porte ouverte, on voit un homme le doigt sur les lèvres. Peinture d'une grande énergie, à reflets métalliques très-brillants. Signé X (Xanto) et daté 1538. Pièce des plus remarquable de cet artiste célèbre d'Urbino.

40 — Plat creux à reflets métalliques rubis et or. Hélène écoutant Pâris jouer de la flûte. Daté 1531. Jolie pièce d'un dessin très-élégant et d'une grande finesse d'exécution.

41 — Petit plat. Judith venant de couper la tête d'Holopherne. Il porte une armoirie d'azur et de gueules; charmante pièce à reflets métalliques, d'une grande finesse d'exécution. Signé F. X. et daté 1535.

42 — Plat a reflets métalliques. Léda et Jupiter sous la forme du cygne; au fond un paysage; à droite, sous un portique la naissance de Castor et Pollux; au centre l'Amour sur un piédestal. Peint par Nicola d'Urbino.

43 — Coupe creuse, à reflets métalliques. Hercule combattant les centaures; daté 1536.

44 — Coupe creuse. Joseph et Putiphar; reflets métalliques (Xanto). Peinture énergique.

45 — Coupe creuse. Tête de femme coiffée et vêtue d'une étoffe à arabesque manganèse. Parmi les ornements se trouve un monogramme que nous n'avons pu déchiffrer. Dans le fond le nom de Chasandra. Charmante pièce d'une grande finesse d'exécution.

46 — Plat. Buste de femme sur fond bleu avec vêtement jaune décoré d'arabesques, au fond une banderolle où se lit : *Mansueta bella.*

47 — Grand plat représentant un épisode de la vie de Joseph. Riche composition avec fond d'architecture. En haut du plat une armoirie entourée de la devise Vicissitudo. Très-belle pièce peinte par Guido Fontana.

48 — Grand plat représentant la Peste des animaux. Composition avec fond d'architecture. Très-belle pièce peinte par Guido Fontana.

49 — Coupe a piédouche. Andromède exposée sur un rocher, au fond la mer et le monstre. Bel émail.

50 — Coupe a piédouche. Orphée pénétrant dans les Enfers, composition de sept figures d'une grande finesse de dessin et de modelé, marquée au revers du monogramme F. D., cette pièce est évidemment de la main d'un des Fontana.

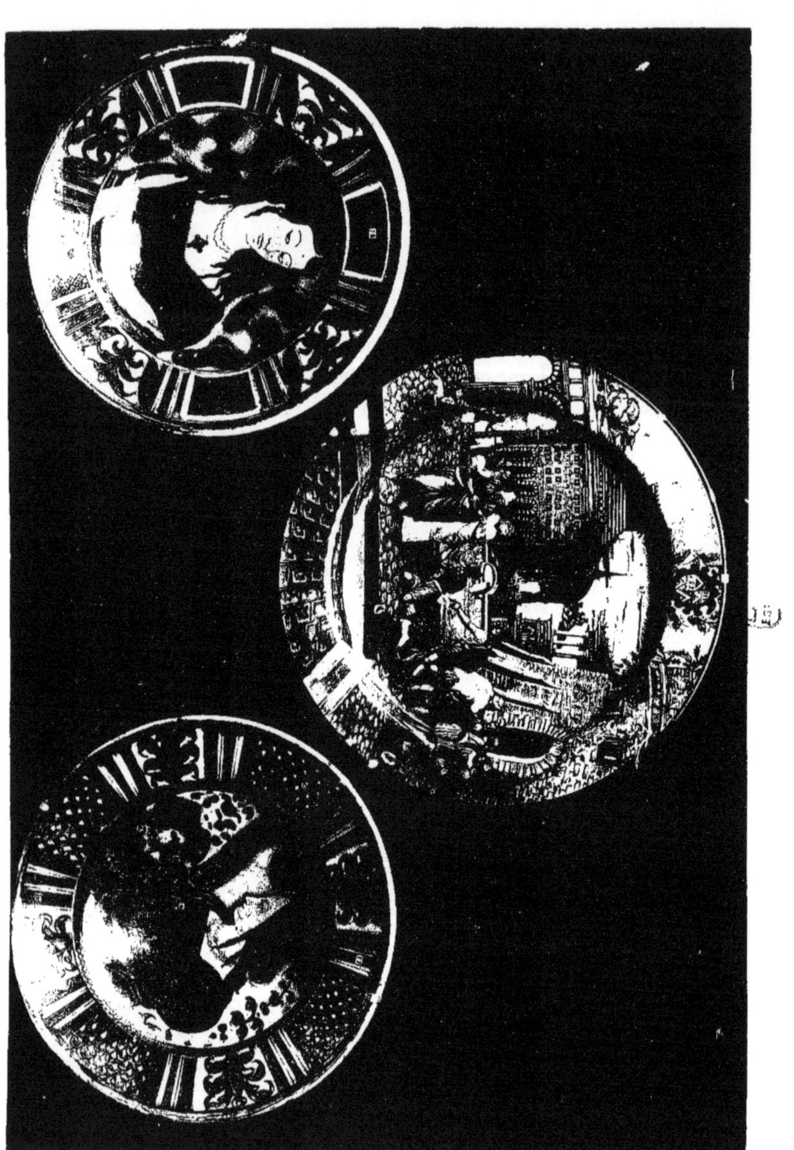

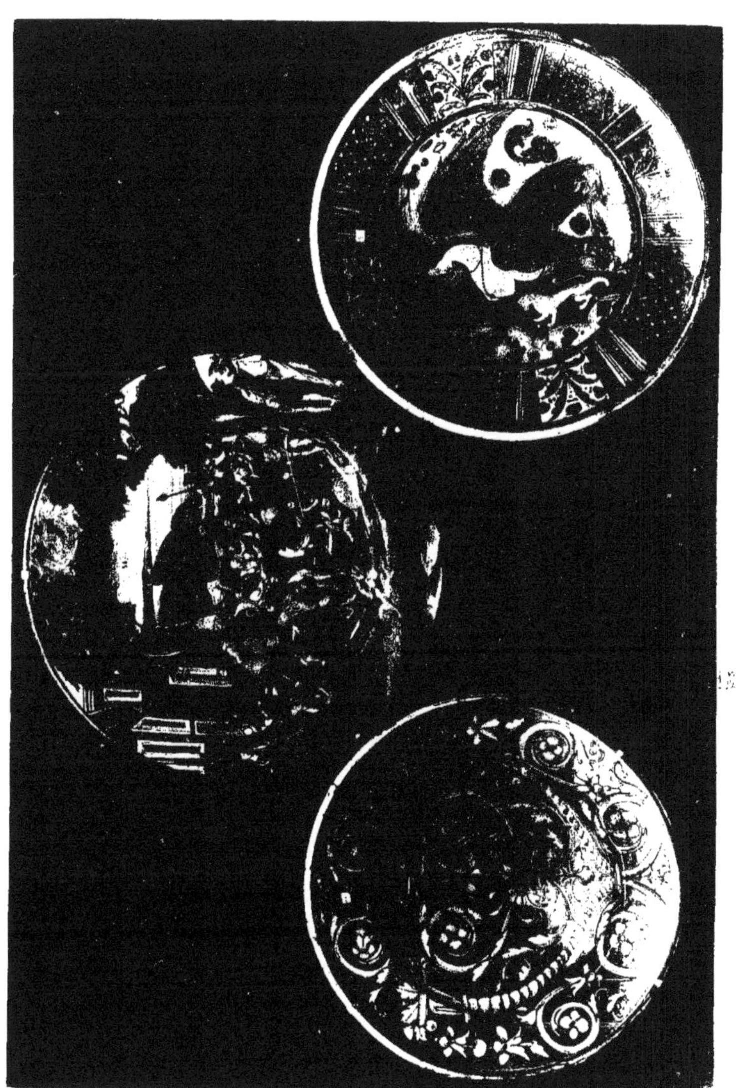

51 — Coupe creuse. Eole, à la prière de Junon, renvoie les Vents pour favoriser le départ des Troyens. Pièce d'une grande finesse par Guido Fontana.

52 — Grand plat représentant divers épisodes de l'histoire de Joseph. Pièce d'un très-bel émail, de l'école des Fontana.

53 — Grand plat représentant Enée blessé par une flèche; en haut, Vénus et l'Amour dans un nuage.

54 — Grand plat représentant l'enlèvement des Sabines; le sujet est formé de figures empruntées à différentes compositions de Raphaël. Très-belle pièce datée de 1540; une inscription placée au revers se rapporte aux évènements qui troublèrent l'Italie à cette époque. Attribuée à Nicola d'Urbino.

55 — Couvercle de coupe d'accouchée. La naissance d'Hercule, Junon apparaît. Composition de plusieurs figures avec fond d'architectnre. Pièce de la plus grande finesse d'exécution, probablement peinte par Nicola d'Urbino.

56 — Petit plat (amatoria). Vénus et Vulcain, charmante pièce d'un émail très-brillant par Orazio Fontana.

57 — COUPE CREUSE. Sainte Ursule, entourée de femmes, est debout sur un navire ; sur le rivage, un homme lui lance un javelot, sur la poupe du bateau on lit en lettres blanches : Orsola. Daté 1541 et signé X. (Xanto). Pièce d'un éclat et d'une vigueur remarquables.

58 — COUPE A PIÉDOUCHE et côtelée. Apollon tuant les Niobides. Ecole des Fontana.

59 — COUPE A PIÉDOUCHE et à bossages. Le siége de Troie. Datée 1553 ; école des Fontana, très-bel émail.

60 — COUPE A PIÉDOUCHE et bossages. La chasse du sanglier de Calydon.

60 *bis* — AUTRE COUPE ANALOGUE. La fuite en Egypte.

61 — AUTRE COUPE ANALOGUE. Jupiter descendant sur la terre.

62 — COUPE CREUSE. Saint Pierre tenant ses clefs.

63 — PETIT PLAT. Bordures d'arabesques et grotesques sur fond blanc. Au centre Vénus et l'Amour ; en haut la devise *ardet in æternum*. Pièce du service d'Alphonse duc de Ferrare.

64 — PETIT PLAT. Metabus lançant Camille, daté 1547. Ecole des Fontana.

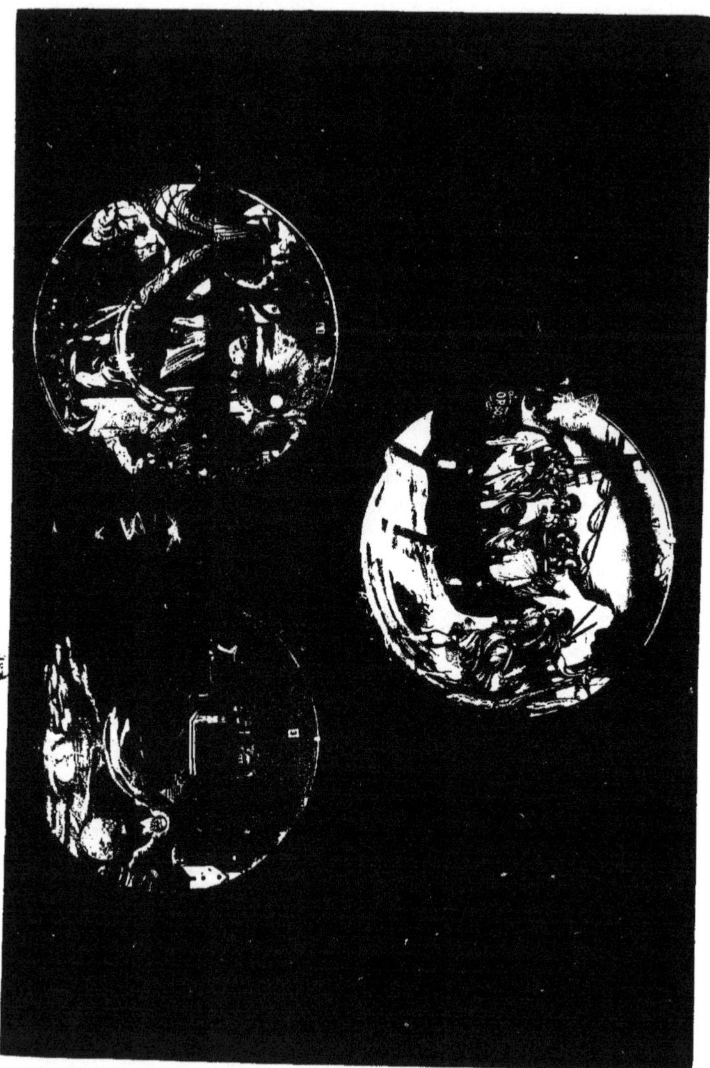

65 — Plat de moyenne grandeur. Sujet tiré de la Fable, en haut les armes des Strozzi. Peint par Xanto.

66 — Plat moyenne grandeur représentant Moïse au Mont-Sinaï, composition d'un grand nombre de figures. Ecole des Fontana.

67 — Plat représentant Apollon et Daphné. Ecole des Fontana.

68 — Plat représentant le triomphe de Galathée. Peint par Patanazzi.

69 — Plat représentant l'enlèvement d'Hélène.

70 — Petite coupe creuse. Buste de femme vue de face. Pantasilea bella.

71 — Coupe creuse a piédouche. Alexandre et Diogène.

72 — Petit plat creux. Tobie et l'Ange.

FABRIQUE DE PESARO (1)

73 — Grand plat à décor d'arabesques et feuillages en grisaille bleu sur fond entièrement à reflets métalliques d'or. Pièce d'un émail et d'une qualité exceptionnelles.

74 — Grand plat. Bacchus assis sur un tonneau. Bordure de feuillages, à reflets rouges et jaunes-violacés. Pièce curieuse.

75 — Grand et beau plat à reflets métalliques, à bordure de feuillages et d'imbrications. Au centre, un sphynx, la patte appuyée sur une armoirie.

76 — Grand plat analogue, à bordure d'imbrications ; au centre un buste de femme avec inscription. Belle qualité.

77 — Grand plat à reflets métalliques avec buste de femme portant une coiffure ailée. Sur le fond, une banderolle avec inscription. Très-belle qualité.

(1) Nous nous sommes servi ici de cette dénomination de fabrique plus généralement usitée, bien que dans le texte du recueil des *Faïences italiennes*, nous ayons attribué ce genre de faïences à la fabrique de Déruta.

78 — AUTRE GRAND PLAT analogue au précédent, avec buste de femme vue de trois-quarts.

79 — GRAND PLAT à bordure de feuillages; au centre un buste d'homme avec banderolle et inscription : le tout à reflets métalliques.

80 — GRAND PLAT à reflets métalliques. Bordure de feuillages et d'imbrications. Au centre, une femme martelant un cœur sur une enclume.

81 — GRAND PLAT formant pendant du précédent; au centre le même sujet, mais la jeune femme remplacée par un jeune homme.

82 — GRAND PLAT à reflets métalliques à bordure de feuillages et imbrications. Au centre, un buste de femme. LAMPERIA BELLA.

83 — GRAND PLAT à bordure d'écailles à reflets métalliques, avec buste de femme, banderolle et inscription.

84 — GRAND PLAT à reflets métalliques représentant saint Michel terrassant le Démon. Belle qualité.

85 — GRAND PLAT à bordure de feuillages et d'imbrications alternés bleu et rouge; au centre, un buste d'homme.

FABRIQUE DE DERUTA

86 — Grand plat à ombilic, entièrement couvert de figures et d'arabesques en relief, parties en bleu et parties à reflets métalliques or; sur l'ombilic un buste de guerrier en relief. Pièce de la plus grande rareté et du plus bel effet.

87 — Petit plat. Riche décor d'arabesques et grotesques sur fond bleu. Au milieu une femme debout vêtue d'une tunique jaune porte une enseigne avec l'inscription LEVE. FIT. Q. BENE. FERTVR. ONVS. Charmante pièce d'une qualité rare.

88 — Plat creux à ombilic saillant décoré d'arabesques à reflets métalliques jaunes. Au centre un cerf couché.

89 — Petit plat creux à décor de feuillages à reflets métalliques jaunes.

90 — Autre plat semblable et servant de pendant. Ces deux pièces sont très-fines d'exécution.

91 — Vase à piédouche et col évasé, décoré de feuillages avec médaillons renfermant des bustes d'homme et de femme; le tout à reflets métalliques dorés; pièce très-riche de reflets et très-fine d'exécution.

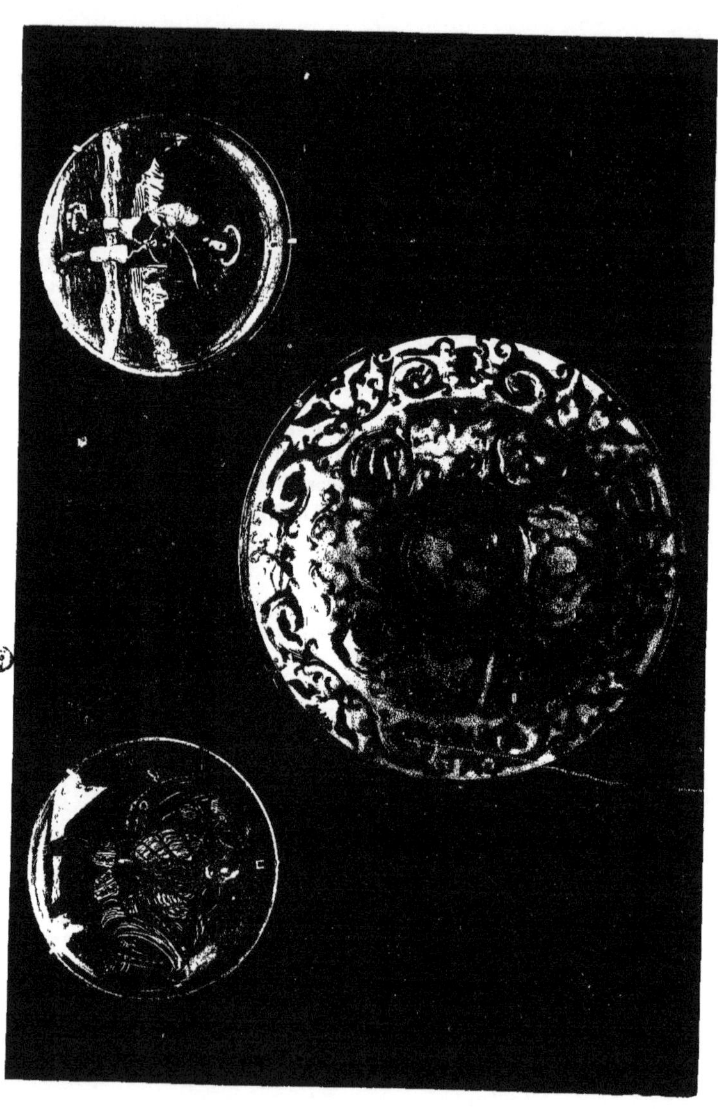

92 — Vase analogue au précédent, mais plus petit, décoré de feuillages à reflets métalliques.

93 — Autre vase analogue au précédent.

94 — Coupe a piédouche élevé, décor de feuillages et d'imbrications à reflets métalliques. Au centre, un buste de femme.

95 — Plateau sur piédouche à décor d'arabesques et grotesques sur fond jaune à reflets violacés.

FABRIQUE DE CASTEL-DURANTE

96 — Joli vase à col évasé et piédouche, décoré d'arabesques et grotesques en grisaille sur fond orange. Il porte les armoiries écartelées des Pucci.

97 — Vase forme sphérique, décoré de feuillages avec médaillons renfermant des bustes d'hommes.

98 — Deux vases cylindriques, décor de feuillages sur fond bleu avec médaillons renfermant des portraits d'hommes.

99 — Deux autres vases de mêmes forme et décor.

100 — PETIT PLAT CREUX (candelieri). Décor d'arabesques et trophées en grisaille sur fond bleu.

Charmante pièce de cette fabrique.

101 — PETIT PLAT. Bordure à trophées en grisaille sur fond bleu. Au centre un amour; le marly est décoré bianco sopra bianco.

102 — PETIT PLAT, à bordure de trophées en grisaille sur fond bleu. Au centre un amour. Daté 1573.

103 - PLAT ANALOGUE au précédent.

104 — PLAT CREUX à bossages, décoré de feuillages sur fond alterné, bleu et orange.

FABRIQUE DE FAENZA

105 — PLAT de moyenne grandeur. Le combat des Centaures et des Lapithes, au fond un paysage. Au revers l'inscription PVGNA DELI CENTAVRI AN. DOMINI. MCCCCC XXVII. Pièce très-curieuse.

106 — PLAT. Au centre un amour; à droite et à gauche le sujet de Jésus devant Pilate. Pièce curieuse probablement de Baldasara Manara.

107 — Petit plat, fond bleu, décoré d'arabesques en grisaille bleue. Au centre une armoirie surmontée d'une tête d'ange.

108 — Petit plateau à bordure orange, avec médaillons et feuillages en relief. Les médaillons renferment des figures d'amours jouant de plusieurs instruments. Au centre une fleur de lys. Pièce rare et curieuse.

FABRIQUE DE CAFFAGIOLO

109 — Grand plat, représentant l'enlèvement d'Hélène d'après la composition de Raphaël, gravée par Marc-Antoine. Au revers se trouve le monogramme de la fabrique, les lettres A. F et l'inscription IN GAFACIOLO. Pièce très-intéressante de cette fabrique.

110 — Grand plat à riche bordure d'arabesques et d'enfants entrelacés, avec fleurs de lys de Florence, sur fond bleu. Au centre le triomphe d'Alexandre d'après la composition de Jules Romain. Très-belle pièce.

111 — Grand plat à bordure d'arabesques sur fond bleu. Au centre le triomphe de Bacchus, avec un monogramme LM.

112 — Plat creux à double ombilic saillant, portant un buste d'homme lauré ; décor de feuillages sur fond orange. Le marly est décoré bianco sopra bianco. Au revers une M barrée.

113 — Plat a bordure de feuillages et d'imbrications, avec ombilic portant un buste de femme et la lettre B. Au revers une M. barrée.

114 — Plat creux à décor porcellane bleu sur blanc. Au centre une armoirie avec le mot LIBERTAS.

115 — Plat à bordure de feuillages alternes et à ombilic portant un buste d'homme.

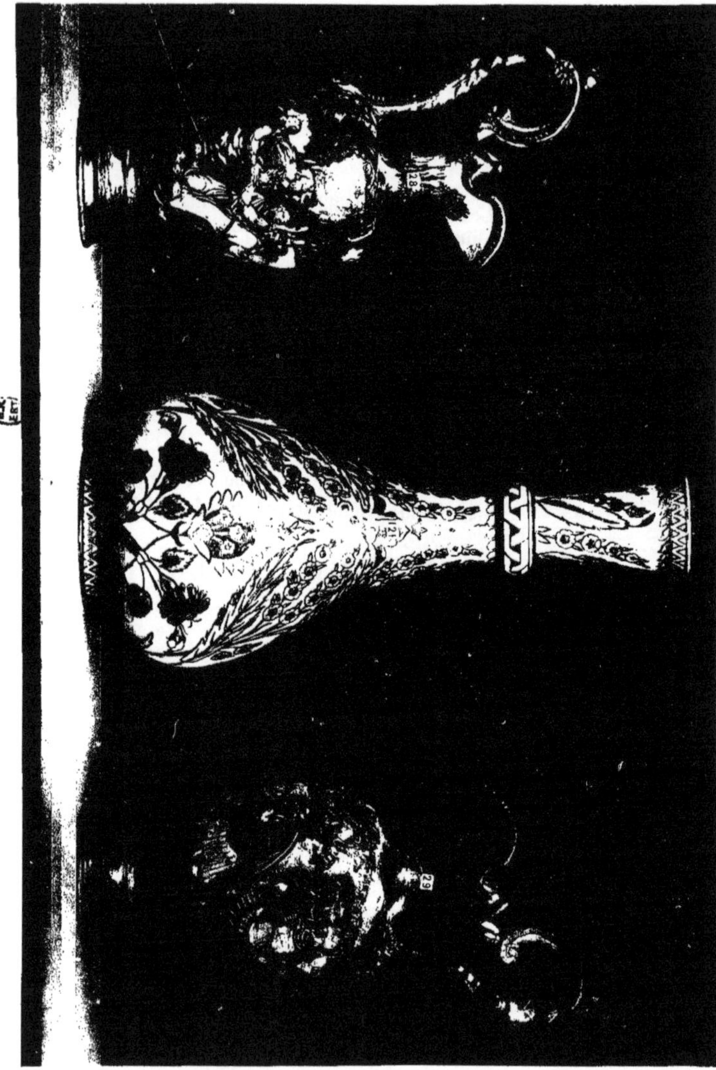

FABRIQUES DIVERSES

116 — Vase forme sphérique à décor de feuillages alternes, bleu et jaune, avec banderolle et légende ; il est orné de médaillons représentant des bustes d'hommes casqués.

(Fabrique de Forli.)

117 — Plat. Adam et Ève, peinture bistre rehaussée de bleu. Au revers on lit X 1563 *à Padoa*. Pièce rare à cause de la marque de fabrique.

118 — Grand plat à bordure manganèse avec arabesques enlevées à l'outil. Au centre un buste de femme. Très-curieuse pièce de la première moitié du xve siècle, de fabrique incertaine.

119 — Petit plat à bordure d'amours et de feuillages. Au centre Vénus corrigeant l'Amour. Le tout avec rehauts d'or.

120 — Plat pendant du précédent. Au centre un paysage. (Ces deux pièces de la fabrique de Castelli sont d'une qualité exceptionnelle.)

121 — Grande bouteille pyriforme à col élancé, décorée de feuillages polychromes sur fond blanc. Très-belle qualité. Fabrique dite de Perse.

122 — Autre bouteille de mêmes forme et fabrique, à décor de rinceaux et feuillages bleu sur blanc rehaussés de rouge.

123 — Bouteille pyriforme à col élancé, décorée de feuillages polychromes sur fond blanc. Pièce en faïence de Perse de la plus belle qualité.

124 — Plat a reflets métalliques rehaussé de bleu. Au centre une armoirie. Fabrique siculo-arabe.

125 — Plat a reliefs, décor à reflets métalliques or. Ombilic saillant. Fabrique hispano-arabe.

126 — Plat creux décoré de feuillages à reflets métalliques cuivreux. Au centre un écusson avec oiseau et fleur de lys. Fabrique hispano-arabe.

127-138 — Environ douze plats de fabrique hispano et siculo-arabe.

(Seront divisés.)

201 Plat de Gubbio — Malinet =
210 Coupe de Gubbio — Beurdeley
(12) 14 plats hispano-arabes vendus par deux à divers

Total de la Vente 11.404

N.B. Les achats de M. Pichot sont pour M. Spitzer
Ceux de M. Mannheim sont pour M. [illegible]

www.ingramcontent.com/pod-product-compliance
Ingram Content Group UK Ltd.
Pitfield, Milton Keynes, MK11 3LW, UK
UKHW020439180726
13839UKWH00004B/1566